# Ma tête veut ma peau

# Ma tête
# veut
# ma peau

**HUMOUR ET SAGESSE DANS LE RÉTABLISSEMENT**

*Compilé et rédigé par Dr Ron B.*

HAZELDEN
**SCIENCES ET *CULTURE***

L'édition originale de cet ouvrage a été publiée sous le titre
MY MIND IS OUT TO GET ME
*Humor and Wisdom in Recovery*
© 1994 Hazelden Foundation

Conception de la couverture: ZAPP

Tous droits réservés pour l'édition française
© 1996, *Éditions Sciences et Culture Inc.*

Dépôt légal: 4e trimestre 1996
Bibliothèque nationale du Québec
Bibliothèque nationale du Canada
Bibliothèque nationale de France

ISBN 2-89092-206-5

**Éditions Sciences et Culture**
5090, rue de Bellechasse, Montréal
(Québec) Canada H1T 2A2
**(514) 253-0403**   Fax: (514) 256-5078

IMPRIMÉ AU CANADA

**Note de Hazelden**

*Hazelden Educational Materials* publie divers documents sur la dépendance chimique et autres domaines connexes. Nos publications ne représentent pas nécessairement l'opinion officielle de *Hazelden* ou de ses programmes, ni ne prétendent parler officiellement au nom d'aucune des organisations qui utilisent les Douze Étapes.

---

*Pour l'édition originale anglaise:*
Rebecca Post, responsable des acquisitions; Caryn Pernu, éditrice; Tina Petersen, rédaction; Donald H. Freeman, directeur de rédaction.

# Préface

La route s'arrête à Galveston Island, Texas (États-Unis). C'est là que j'ai arrêté de boire. Un soir de janvier 1988, je tenais une bouteille de whisky presque vide d'une main et un revolver .38 chargé de l'autre. Je ne savais pas lequel porter à ma bouche. Pour une raison que je ne comprends pas encore très bien, je les ai déposés tous les deux. Depuis, par la grâce de ma Puissance supérieure, et avec l'aide du programme et du mouvement des Alcooliques anonymes, je n'ai eu besoin ni de l'un ni de l'autre.

Au début de mon rétablissement, j'ai assisté à une réunion où l'animatrice nous a demandé de partager notre slogan préféré. J'ignorais ce qu'elle voulait dire. Heureusement, d'autres le savaient. J'ai été étonné par ce que j'ai entendu et j'ai demandé avec insistance si ces slogans avaient été publiés afin de m'en procurer un exemplaire. Pour autant que je sache, à cette époque et même encore aujourd'hui, la plupart n'ont pas été compilés.

Je me suis donc muni d'un calepin, qui ne me quittait jamais, pour noter ces perles de sagesse qu'on entendait lors des réunions. Plusieurs de celles contenues dans ce livre sont des citations exactes. D'autres m'ont été suggérées lors de partages d'expérience, de force et d'espoir avec des membres. Je les ai tout simplement formulées.

J'ai découvert que j'étais plus attentif lors des réunions. À chaque fois, la riche tradition orale des dictons et des slogans AA m'était révélée. Ces dictons résument bien la route spirituelle qui mène au rétablissement: ils prennent la forme de courtes observations et de courts principes, souvent profonds et parfois humoristiques, concernant ce qui est requis pour devenir et demeurer abstinent, et pour que la vie soit plus facile.

Ils m'ont été utiles et je souhaite qu'ils vous aident aussi.

Austin, Texas                                        – Dr Ron B.
Mai 1993

# Remerciements

Je désire remercier les membres des Groupes *Phoenix* et *33d Street*, plus particulièrement les personnes suivantes :

| | |
|---|---|
| John K | Robert G. |
| Philip L. | Henry |
| Bob T. | Jack (décédé) |
| Dick | Bob K. |
| Mercedes Bob | Jack Mc. |
| Walt | Al |
| Mary | Big David |
| Gordon | Ted M. |

### 1.
Un jour à la fois

### 2.
Il faut donner le temps au temps.

### 3.
*Folie:*
Répéter sans cesse les mêmes gestes
et
espérer des résultats différents.

**4.**
On sait que la réunion a été bonne
lorsque personne ne s'est soûlé
durant la réunion.

**5.**
Volte - F.A.C.E.
Fatigué, Affamé, Colérique, Esseulé

**6.**
Le temps qui nous sépare d'un verre
n'est pas égal
à la distance qui nous en sépare.

7.

Il faut pouvoir vivre avec soi-même
avant de pouvoir vivre avec une autre personne.

8.

Ce n'est pas tant ce qui nous arrive
que la manière dont nous réagissons.

9.

*Quatrième Étape:*
Peur, ressentiment, apitoiement,
culpabilité, haine
et leurs causes.

**10.**
Le temps arrange les choses.

**11.**
Le bonheur se cultive de l'intérieur.

**12.**
Dieu ne ferme jamais une porte
sans ouvrir une fenêtre.

**13.**
Garde ça simple!

**14.**
Confie ta volonté et ta vie à Dieu.

**15.**
Ne bois pas même si tu tombes en pièces.
Mets les morceaux dans un sac et
apporte-les à une réunion.

**16.**
L'important d'abord

**17.**
Désolation, inspiration, continuation

18.
Lâcher prise et laisser Dieu agir.


19.
Est-ce vraiment si important?


20.
*Le hasard:*
Le pseudonyme de Dieu
lorsqu'Il fait un petit miracle.

**21.**
Oui! à l'action. Non! à la rationalisation.

**22.**
Un membre des AA
est tout simplement un ivrogne
qui a une conscience.

**23.**
Les platitudes peuvent changer votre attitude.

**24.**
Quatre-vingt-dix réunions en quatre-vingt-dix jours.

### 25.
Il n'y a pas de mal à rechercher le bonheur.
Ne te mets donc pas en colère
s'il t'échappe.

### 26.
Contente-toi de ramer,
Dieu tiendra le gouvernail.

### 27.
Traite ton cerveau comme un endroit louche.
N'y va jamais seul.

## 28.
Dix personnes sur dix finissent par mourir.
Alors, ne prends pas la vie trop au sérieux.

## 29.
L'alcoolique qui n'arrête pas de boire
peut s'attendre à trois choses:
la folie, la prison ou la mort.

## 30.
Il faut s'aimer
avant d'espérer aimer quelqu'un d'autre.

**31.**

Si j'ai un peu plus d'argent qu'il ne m'en faut,
je suis riche.
Avant d'arrêter de boire,
il m'en manquait toujours un peu.

**32.**

On ne meurt pas quand on veut.
On meurt quand Dieu le veut.

**33.**

Fixe-toi un but
sans quoi tu t'éparpilleras.

**34.**
Tes actions font tellement de bruit
que je ne peux entendre ce que tu dis.

**35.**
Hier est si loin dans le passé
que je ne peux le voir.
Demain est trop loin dans l'avenir pour le voir.
Ainsi, il me reste à regarder attentivement
ce que je peux voir – aujourd'hui.

**36.**
Reviens.

### 37.
Vis aujourd'hui
comme si c'était le ***dernier*** jour de ta vie.

### 38.
On glisse vers la rechute
quand l'abstinence perd sa priorité.

### 39.
Le plus bel avantage d'être membre des AA,
c'est de ne plus jamais devoir être seul.

40.
Porte la vie comme un vêtement ample.

41.
Donne-toi chaque jour une petite réussite.

42.
Un alcoolique sur dix meurt abstinent.
Fais mentir les statistiques.

43.
Je suis responsable.

44.
Par la grâce de Dieu...

45.
Sois profond, sois drôle,
ou tais-toi!

46.
Aie confiance en Dieu,
fais ton ménage et aide les autres.

47.
Dieu ne fait pas d'erreurs.

48.
L'alcool a essayé d'assassiner mon âme.

49.
Tous les prétextes sont bons pour boire.

50.
On commence à retrouver la santé
quand on commence à trouver drôle
ce qu'on trouvait tragique.

51.
Agir aisément.

### 52.
Après avoir parlé durant une réunion,
écoute pour savoir si tu as dit quelque chose.

### 53.
Nous faisons tous de notre mieux.

### 54.
Agir aisément, mais agir.

### 55.
Je boirai peut-être demain, mais pas aujourd'hui.

56.
Fais semblant
jusqu'à ce que ça se produise.

57.
Mets ton jeton d'abstinence sous ta langue.
Lorsqu'il aura fondu, tu pourras boire.

58
Pour l'alcoolique,
un verre, c'est trop –
mille verres ne suffisent pas.

**59.**
Ne sous-estime jamais la force de la prière
ni le temps qui passe.


**60.**
Ceux qui vont aux réunions réussissent.


**61.**
Personne ne peut t'obliger à prendre un verre
et personne ne peut t'en empêcher.

**62.**
Pourquoi boire aujourd'hui
alors qu'on peut attendre à demain?

**63.**
Il faut vouloir contribuer
à son propre rétablissement.

**64.**
Bien des gens sont morts
avec le désir d'arrêter de boire.

**65.**

Au cours de ta première année d'abstinence,
ne change rien si ce n'est
tes amis, tes jouets et tes terrains de jeu.

**66.**

Le programme est l'union de l'espoir et de l'action.
Les deux sont essentiels.

**67.**

Je n'ai pas besoin de ton aide aujourd'hui.
Je t'aime,
Dieu

68.
Le grand paradoxe de la spiritualité:
il faut la donner pour la conserver.

69.
Attitude négative = risque de devenir ivre.

70.
La pensée négative macère dans l'alcool.

71.
Les gens qui rechutent et les lieux de rechute
engendrent les rechutes.

**72.**
Ça marche si tu y mets du tien.

**73.**
Aujourd'hui est l'hier
dont tu te soucieras demain.

**74.**
Tu n'y arriveras pas en un clin d'œil.

**75.**
Le mouvement des AA n'est pas le fil d'arrivée,
c'est la case départ.

### 76.
Notre maladie se situe entre nos deux oreilles.

### 77.
Il faut du temps.

### 78.
Le mouvement des AA:
un programme simple pour des gens compliqués.

### 79.
Plus la caisse est vide, plus elle résonne.

80.
Chaque réunion des AA
est un versement pour l'achat
de ton abstinence.

81.
Les alcooliques ont trois options:
ils meurent, deviennent fous ou abstinents.

82.
Dieu ne peut rien te donner de neuf
si tu ne laisses pas tomber
ce que tu tiens déjà.

### 83.
Partage ta force, ton espoir et ton expérience
avec les gens qui te plaisent,
et, plus particulièrement,
avec ceux qui ne te plaisent pas.

### 84.
C'est quand je crois maîtriser la situation
qu'elle m'échappe le plus.

### 85.
Il y a plus d'une façon de traverser la rivière –
l'important est de la traverser abstinent.

**86.**
Si l'apprentissage de l'abstinence
ne te donne pas l'impression d'être gauche,
c'est que tu ne fais pas de progrès.

**87.**
Si tu ne changes pas, tu ne progresses pas.
Et sans progrès, tu ne vis pas.

**88.**
Les alcooliques sont des égoïstes qui s'adorent,
mais qui ne peuvent pas
se regarder dans le miroir.

### 89.
L'abstinence consiste à rendre normal
ce qui était anormal
et anormal ce qui était normal.

### 90.
Si tu traînes ta peau,
ta tête finira par suivre.

### 91.
L'alcoolisme,
c'est payer cher une vie de misère.

92.
Face à un dilemme,
demande-toi ce que Dieu ferait à ta place.

93.
Si tu crois être humble, c'est que tu ne l'es pas.

94.
Si les autres nous faisaient subir
ce que nous nous sommes imposé
comme alcooliques,
nous les tuerions.

95.
Les AA ne sauveront pas votre âme,
mais si vous avez l'esprit ouvert,
vous pourriez y sauver votre peau.

96.
Je me soûlais seul.
Chez les AA,
nous devenons abstinents ensemble.

97.
Aux yeux de Dieu,
tous les humains sont importants.

**98.**
Faites en sorte que vos actions reflètent vos paroles.

**99.**
Qui donne de l'amour reçoit de l'amour.

**100.**
Il nous est rendu comme nous avons donné.

**101.**
Le seul bonheur
dont nous sommes responsables,
c'est le nôtre.

102.
On attire... qui on était.

103.
Les erreurs n'existent pas,
il n'y a que l'expérience.

104.
Voulez-vous entendre Dieu rire?
Parlez-Lui de vos projets.

105.
Il faut vivre selon les conditions de la vie.

106.
L'humilité,
ce n'est pas de penser moins à soi,
c'est d'y penser moins souvent.

107.
Pour tous les alcooliques,
toutes les raisons de boire sont bonnes.

108.
Certains jours sont des diamants,
d'autres, des cailloux.

**109.**
Sortez du problème, entrez dans la solution.

**110.**
Ne vous attendez pas
à connaître l'homme dans un livre;
une personne se range bien mal
dans une bibliothèque.

**111.**
Lorsque je réagis à quelqu'un,
cette personne devient ma puissance supérieure.

## 112.
Lorsque votre vie a besoin d'alcool,
substituez-y une Étape.

## 113.
Mon rétablissement est un processus,
pas un événement.

## 114.
COMMENT?
Honnêteté, ouverture d'esprit, bonne volonté.

115.
Fais le bien,
sois bon,
Dieu sera alors avec toi.

116.
En entrant à une réunion,
laisse ton CV et ton QI au vestiaire.

117.
Lorsque vous ne buvez pas
pendant une Douzième Étape,
vous l'avez réussie.

### 118.
#### *Douzième Étape*
S'ils sont prêts, vous ne pouvez rien dire de mal,
s'ils ne sont pas prêts,
vous ne pouvez rien dire de valable.

### 119.
L'alcool est patient;
votre maladie vous attendra toute votre vie.

### 120.
La vie est difficile
lorsqu'on nage entre deux eaux.

121.
Que ça commence avec moi!

122.
Nous avons chacun notre propre coffre à outils.

123.
Apprendre à écouter
afin de pouvoir écouter pour apprendre.

124.
L'objet de notre dépendance demeure inconnu
jusqu'au moment où on cesse de le consommer.

125.
Planifier,
c'est bien,
sauf quand on tient aux résultats.

126.
La peur est l'absence de foi.

127.
*La mauvaise nouvelle:*
Personne ne vient à votre secours.
*La bonne nouvelle:*
Vous pouvez vous sauver vous-même.

**128.**
Je ne veux plus jamais
devoir arrêter de boire.

**129.**
Il est impossible
d'aider un autre alcoolique
sans s'aider soi-même.

**130.**
Je suis là où je suis
parce que c'est là que je dois être.

131.
La longue route du rétablissement
commence là où vous êtes.

132.
Les calmants ne sont rien d'autre
que de l'alcool solide.

133.
Transmettez le message.

134.
J'ai le choix.

135.
Les Douze Étapes sont
le cadeau de Dieu au vingtième siècle.

136.
Avant d'arriver chez les AA,
je n'avais pas compris
à quel point ma vie était mauvaise,
ni jusqu'où elle pouvait s'améliorer.

137.
*Alcool:*
Huile d'ignorance

**138.**
Je suis ici parce que je ne veux plus
vivre comme avant.

**139.**
Rien n'est garanti dans la vie,
sauf le remords
qui vient avec le premier verre.

**140.**
Une longue abstinence
n'augmente pas l'immunité contre l'alcool.

141.
Pauvre de moi! Pauvre de moi!
Donne-moi donc encore à boire.

142.
Assistez à des réunions quand vous le voulez,
quand vous en avez besoin, et à vingt heures.

143.
Au réveil, je peux maintenant dire:
«Bonjour mon Dieu»
au lieu de
«Bon Dieu! il fait déjà jour!»

**144.**
Plusieurs médecins croient
que les alcooliques souffrent
d'un manque de calmants.

**145.**
Les AA ont ruiné mon plaisir de boire.

**146.**
Si vous ne vous souvenez plus
de votre dernière cuite,
c'est qu'elle ne s'est pas encore produite.

147.
Quand on va jusqu'au bout,
on y trouve habituellement la misère.

148.
Pour ne pas être humilié, apprenez l'humilité.

149.
Les gens ne viennent pas chez les AA
parce que la vie est belle.

150.
Les choses ne sont pas tellement différentes ailleurs.

### 151.
Dieu nous donne ce dont nous aurons besoin.

### 152.
Pensez! Méditez! Pensez!

### 153.
Dieu peut vous parler
tant que vous demeurez abstinent.

### 154.
Lorsque j'ai confié ma vie à Dieu,
je l'ai enlevée des mains d'un idiot.

155.
Les AA nous font devenir
ce que nous étions censés être.

156.
Si vous ne savez pas quoi faire,
ne buvez pas et allez à une réunion.

157.
Les AA – je ne les aimais pas,
je n'y croyais pas;
pourtant ça a marché.

158.
***L'alcoolisme:***
une allergie physique
doublée d'une obsession mentale.

159.
Après quelque temps chez les AA,
on peut devenir honnête et franc,
car nous ne faisons plus
ce qui nous faisait honte.

160.
Une réunion, c'est une Douzième Étape.

161.
Ma famille a-t-elle souffert
depuis que j'ai cessé de boire?

162.
Si j'avais attendu
d'être mieux avant d'être heureux,
je serais encore malade.

163.
P.E.U.R.
Pour Éviter Une Rechute

**164.**
Les AA sont un programme d'un million
qu'on achète un dollar à la fois.

**165.**
Lorsque la tentation se présente, ne buvez pas,
faites une prière et allez à une réunion.

**166.**
Quand vous avez peur,
soulevez votre récepteur téléphonique
de deux cents kilos
et appelez quelqu'un.

**167.**
Dans votre vie,
toute mauvaise situation s'améliorera
en abandonnant l'alcool.

**168.**
Aujourd'hui, je suis content de ma vie.

**169.**
Mon Dieu, aidez-moi, s'il-Vous-plaît!

**170.**
Je suis venu, j'ai vu, j'en suis venu à croire.

171.
Faites plaisir à Dieu d'abord,
faites-vous plaisir ensuite,
et après faites plaisir à tous les autres.

172.
Ce n'est pas ma chance qui doit changer,
c'est moi.

173.
En devenant membres des AA,
nous devenons membres de
«La société de la seconde chance».

### 174.
Quand on s'accroche au passé d'une main
et qu'on tient le futur de l'autre,
il est impossible de saisir le présent.

### 175.
Il est impossible de progresser
quand on ne sait pas rester dans le présent.

### 176.
Avant d'avancer sereinement,
il faut d'abord apprendre à rester en place.

177.
L'avenir commence ***maintenant***.

178.
Ouvrez votre cœur.

179.
On ne peut changer que soi-même,
pas le monde entier.

180.
Prenez une année sabbatique
de vos soucis.

### 181.
Je ne suis pas le centre de l'univers.

### 182.
Chaque jour d'abstinence
témoigne de mes efforts
pour devenir un être humain.

### 183.
La fin du monde se produira
sans mon autorisation.

## 184.
Si je garde les deux pieds sur terre,
Dieu pourra descendre jusqu'à moi.

## 185.
Pour faire un long voyage,
il est nécessaire de procéder par Étapes.

## 186.
Ce que j'ai à faire est simple
mais pas facile.

### 187.
J'ai cru que les AA m'apprendraient à boire,
mais je savais déjà boire.
Les AA m'ont appris à vivre.

### 188.
Si vous ne faites rien pour arranger les choses,
elles empireront.

### 189.
Je peux m'enrager contre quelqu'un
mais je ne peux pas boire contre cette personne.

### 190.
Qu'ai-je à apprendre de ceci?

### 191.
La plupart des choses qui m'irritent aujourd'hui
ne seront pas assez importantes
pour que je m'en souvienne demain.

### 192.
Cessez de penser
que les mauvaises nouvelles
doivent nécessairement suivre les bonnes.

### 193.
La journée ne peut pas avoir été mauvaise
simplement parce que quelques événements
ne m'ont pas plu.

### 194.
Je vivais pour boire et
je buvais pour vivre.

### 195.
Par quoi remplace-t-on l'alcool?
Par n'importe quoi, sauf l'alcool.

196.
Parfois,
il n'y a rien d'autre à faire que d'attendre.

197.
Je buvais quand je le voulais;
mais je voulais tout le temps.

198.
Un verre: une cuite.

199.
Je suis incapable de le faire seul.

## 200.
Comment démissionner de chez les AA?
Il suffit de boire.

## 201.
Quand il vous est impossible de décider
si c'était la bonne chose à faire,
c'est probablement que la décision n'était
ni bonne ni mauvaise.

## 202.
Il n'y a pas d'accidents.

### 203.
Allez aux réunions pour voir
ceux à qui vous voulez ressembler,
et leurs contraires.

### 204.
Quand on fait une rechute,
on perd beaucoup plus que son temps d'abstinence.

### 205.
Si vous demandez une Cadillac,
et que Dieu vous envoie un âne,
enfourchez-le.

### 206.
Pensez à ce que vous avez
plutôt qu'à ce qui vous manque.

### 207.
Quand je buvais, j'étais dans mon petit monde,
et il rapetissait de plus en plus.

### 208.
J'ai tout ce dont j'ai besoin.

### 209.
Je n'ai pas été créé pour me saouler.

**210.**
Tout ce que vous faites vous rapproche
ou bien du rétablissement
ou bien de la rechute.

**211.**
Le programme de rétablissement
remplace vos anciennes valeurs
par de nouvelles.

**212.**
Si vous devez toujours être le meilleur dans la vie,
soyez alors le plus *humain* des humains.

### 213.
Je buvais
pour étouffer une souffrance
que je ne comprenais pas.

### 214.
Après s'être débarrassé de l'alcoolisme,
il faut s'attaquer aux autres *ismes*.

### 215.
La pire réunion des AA vaut mieux
que ma meilleure cuite.

### 216.
Les miracles se produiront
si personne ne se soucie d'en tirer crédit.

### 217.
Vous pouvez mener un cheval à l'abreuvoir,
mais il ne paiera jamais une tournée.

### 218.
Si vous les laissez faire,
ils le feront à votre place.

### 219.
Revoyez votre façon de penser.

### 220.
Il est difficile de voir la vie telle qu'elle est
à travers un fond de bouteille.

### 221.
Vous n'avez que deux choses à faire:
(1) Mourir et
(2) Vivre jusqu'à la mort.
Le reste, vous l'inventez.

### 222.
Nos paroles nous ont conduits à la folie.
Elles peuvent aussi nous en délivrer.

### 223.
Nous ne sommes pas ce que nous pensons être;
mais nous sommes ce que nous pensons.

### 224.
On devient ce à quoi on pense.

### 225.
Il suffit de peu pour que les gens vous adoptent.

### 226.
Dieu n'était pas perdu.
Moi, je l'étais.

### 227.
Je me sens bien quand je rends service.

### 228.
Il est impossible de s'enivrer
si on ne prend pas le premier verre.

### 229.
Dieu nous donne selon nos capacités.

### 230.
Je ne pouvais pas; Dieu pouvait.

### 231.
Chez l'homme comme chez la plante,
la *croissance*, c'est la vie.

### 232.
Dieu ne peut vous donner une nouvelle vie
tant que vous tenez la bouteille à deux mains.

233.
Ça ne va pas quand je vous dis
«ça va» quand ça ne va pas.
Ça va?

234.
Heureux,
joyeux et
libre.

235.
Je suis mon problème.

## 236.
Une Puissance supérieure?
Tous les alcooliques ont eu la même:
l'alcool.

## 237.
Prenez le programme au sérieux,
mais ne vous prenez pas au sérieux.

## 238.
Il n'y a pas de mal à ne pas être bien.
Les gens ne viennent pas chez les AA
parce qu'ils sont bien.

239.
Quand quelqu'un vous met en colère,
souvenez-vous que tout le monde
ne vit pas notre programme.

240.
Il est possible
de devenir dépendant de la tristesse.

241.
Quand ce que vous faites ne va pas,
essayez autre chose.
N'importe quoi, sauf boire.

242.
Le suicide est une solution permanente
à un problème temporaire.

243.
La porte des AA ouvre dans les deux sens.

244.
Un verre d'alcool m'a rendu ridicule.

245.
Souvenez-vous de votre dernière cuite
avant de lever le coude.

246.
Mon premier verre n'est pas plus loin
que le bout de ma main.

247.
*Les réunions:*
Si les figures changent,
les problèmes demeurent les mêmes.

248.
Il reste assez d'ivrognes là-bas
que je ne leur manquerai pas.

249.
L'alcool était ma force
jusqu'à ce que j'apprenne
qu'il était ma faiblesse.

250.
L'abstinence est le plus beau cadeau
que j'aie jamais reçu.

251.
Je n'ai pas grandi
avec l'intention de devenir alcoolique.

## 252.
Souvent, le gagnant d'une course
n'est pas le plus rapide,
c'est plutôt celui qui s'arrange
pour continuer à courir jusqu'à l'arrivée.

## 253.
On n'est jamais trop idiot pour ce programme.
On peut cependant être trop finaud.

## 254.
Lorsqu'on ne prend plus plaisir à boire,
c'est qu'on est mûr pour les AA.

255.
Lorsque je buvais,
je voulais toujours être quelqu'un d'autre,
ailleurs.

256.
C'est ce qu'on fait qui compte,
pas ce qu'on veut.

257.
Les AA ne sont pas
un beau vêtement qu'on enfile le matin;
c'est un mode de vie.

**258.**
Ce que vous pensez de moi ne me regarde pas.

**259.**
Nous préparons nos rechutes.

**260.**
L'alcoolisme est
la seule maladie qui ne vous laisse pas savoir
que vous en êtes affligé.

**261.**
J'ai été le dernier à savoir que j'étais alcoolique.

262.
Le plus important aujourd'hui,
c'est de demeurer abstinent.

263.
Lorsque rien ne va plus,
lisez le mode d'emploi – les Douze Étapes.

264.
Je souffre d'une maladie incurable et fatale
dont la progression peut être arrêtée
un jour à la fois.

265.
Je me souviens des leçons durement apprises.
J'ai oublié ce que j'ai appris facilement.


266.
Tout ce que je cherchais à faire,
c'était d'avoir le contrôle
sur toi, sur moi et sur tout.


267.
Tout est pour le mieux, même quand ça va mal.

268.
La seule erreur qu'on puisse faire chez les AA,
c'est de ne pas y revenir.

269.
Ma maladie est un éléphant.
Tant que je n'oublierai pas qu'elle est là,
je ne me ferai pas écraser.

270.
*Définition d'un alcoolique:*
quelqu'un qui a les deux pieds... en l'air.

271.
La gratitude est
le ticket vers une meilleure attitude.

272.
Je suis venu chez les AA
parce que j'en avais plein le dos
d'en avoir plein le dos.

273.
La vie n'est pas obligatoirement
un combat quotidien.

### 274.
Il faut être avant d'agir.

### 275.
Si vous ne buvez pas aujourd'hui,
de nouvelles choses vous seront révélées.

### 276.
La motivation est une bonne chose,
mais l'important est ce qui vous motive.

### 277.
Il faut se contenter de ce qu'on a.

278.
Même si j'accepte que je ne peux boire,
cela ne signifie pas que je ne boirai plus.

279.
Chez les AA, il faut capituler pour vaincre.

280.
Le bien est l'ennemi du mieux.

281.
Demandez à Dieu le matin
et remerciez-Le le soir.

282.
Mon Dieu, donnez-moi la sérénité
d'accepter les choses que je ne peux changer...

283.
Lorsque je me suis joint aux AA,
j'ai compris que je pouvais *faire face*
à mes problèmes.

284.
Les choses n'iront pas mieux
parce que vous vous êtes joint aux AA,
mais vous irez mieux.

285.
Depuis que je suis entré chez les AA,
je peux voyager sans *tripper*.

286.
L'abstinence est digne.

287.
Dieu nous libère uniquement
des défauts de caractère
qui nous empêchent d'aider les autres.

288.
Chez les AA,
vous n'êtes plus seul.


289.
La douleur est inévitable ;
la souffrance vient en option.


290.
Plus je m'éloigne de ma dernière cuite,
plus je me rapproche de mon prochain verre.

291.
***La mauvaise nouvelle :***
quand la souffrance du présent
dépasse la souffrance du passé,
on se tourne vers l'alcool.

***La bonne nouvelle :***
Il n'est pas nécessaire de souffrir.

292.
Mon alcoolisme est simple :
quand j'étais saoul,
j'étais bien.

293.
Il faut vouloir vouloir.

294.
Ne vous comparez pas.

295.
Vous n'êtes plus seul.

296.
Avant de boire,
jetez votre jeton d'abstinence à la rue,
et sachez que vous le suivrez bientôt.

### 297.
Je dois faire une cure personnelle,
et non géographique.

### 298.
Mon problème était simple:
si je n'avais pas de problème,
j'en inventais un.

### 299.
À force de dire
«Je dois», «J'aurais dû» et «Je devrais donc»,
on devient fou.

300.
Essayez de prier.
Dieu adore entendre une voix inconnue.

301.
Recette pour arrêter de boire:
pliez vos genoux et non votre coude.

302.
Peu importe,
les choses ne peuvent qu'empirer
si vous tentez de les boire.

303.
L'envie vous passera,
que vous buviez ou non.

304.
Avant les AA,
je buvais, je pensais à boire
ou je revenais de boire.

305.
La bouteille n'était jamais assez grosse
pour me satisfaire.

306.
À mon arrivée chez les AA,
j'ai perdu mon innocence à propos de la boisson.

307.
La réalité ressemble à l'enfer
pour le visiteur occasionnel.

308.
*Critique constructive*:
Je te dis ce qui ne va pas chez toi.
*Critique négative*:
Tu me dis ce qui ne va pas chez moi.

309.
Mon Dieu,
protège-moi de moi-même.

310.
Si vous prenez un autre verre,
vous finirez par faire
ce que vous auriez honte de faire maintenant.

311.
Nous sommes tous ici
parce que nous ne sommes pas tous là.

**312.**
Venez aux réunions et voyez ce qui arrive
à ceux et celles qui n'y vont pas.

**313.**
Planifiez l'avenir,
mais n'oubliez pas de vivre aujourd'hui.

**314.**
Mon Dieu,
mets les bonnes paroles dans ma bouche,
et fais-moi signe
lorsque j'en aurai assez dit.

315.
Depuis que je me suis joint aux AA,
il ne m'est jamais arrivé
d'avoir besoin de boire et de désirer boire
au même instant.

316.
D'abord malade, ensuite désolé, enfin sobre.

317.
Pour te rétablir,
tu dois avoir quelque chose à faire
et quelqu'un à aimer.

318.
Le bonheur n'est pas d'avoir ce qu'on désire
mais d'apprécier ce qu'on a.

319.
Lorsque j'aide quelqu'un,
je m'aide moi-même.

320.
Essayez de plaire à tout le monde
et personne ne sera satisfait.
Faites-vous plaisir;
vous, au moins, serez satisfait.

**321.**
Le changement s'opère seulement
lorsqu'il s'installe dans la réalité.

**322.**
Il y a toujours assez de temps
pour faire ce qu'il faut.

**323.**
Les AA et un mode de vie de camelote
sont incompatibles.

**324.**
Ma tête veut ma peau.

325.
En me joignant aux AA,
j'ai cessé de me sous-estimer.

326.
Les alcooliques descendent tous
du même ancêtre idiot.

327.
L'ascenseur de l'alcoolisme
ne va que vers le bas,
mais vous pouvez en sortir quand vous le voulez.

**328.**
Plus je deviens abstinent,
plus je me souviens de ce que j'avais oublié
quand je buvais.

**329.**
Ce programme me permet d'être quelqu'un.

**330.**
Ma valeur personnelle =
mes efforts + l'opinion des autres.
Avant AA,
je n'arrivais pas à résoudre cette équation.

**331.**
Je suis la source de mes problèmes.

**332.**
La vie d'abstinence peut être pénible
mais jamais dangereuse.

**333.**
Ma pire journée d'abstinence ne ressemble en rien
à ma pire journée de boisson.

**334.**
L'alcool me donnait l'illusion de la compétence.

335.
***L'alcoolique:***
un égocentrique affligé d'un complexe d'infériorité.


336.
Si vous résistez assez longtemps,
quelqu'un d'autre fera la rechute à votre place.


337.
Qui porte aujourd'hui le fardeau de demain
en plus de celui d'hier
ne peut que défaillir.

**338.**
Si je pouvais faire mieux, je le ferais.

**339.**
Je dois retirer les bouchons de mes oreilles
pour les mettre dans ma bouche.

**340.**
Je croyais vraiment
que la chimie améliorait la vie.

**341.**
Le professeur apparaît lorsque l'élève est prêt.

342.
À titre de parrain,
vous devez porter le message et non la personne.

343.
Quand un alcoolique est mûr,
il fera tout pour obtenir le programme.
Lorsqu'il ne l'est pas,
vous ne pouvez même pas le lui donner.

344.
Les AA ne m'ont pas donné ce que je voulais,
simplement ce dont j'avais besoin.

345.
On retire toujours quelque chose d'une réunion,
même si ce n'est que de la colère.

346.
Peu importe d'où vous arrivez,
peu importe pourquoi;
l'important,
c'est que vous soyez ici.

347.
Les AA peuvent très bien se passer de moi,
mais moi je réussis beaucoup mieux avec les AA.

348.
Je suis plus exigeant envers moi-même
que les autres ne le sont.

349.
Lorsque je buvais,
j'avais une peur mortelle de la vie.

350.
Les gens, les lieux et les choses sont,
que je les accepte ou non.
Mon seul choix est
de les accepter de bonne ou mauvaise grâce.

351.
La croissance spirituelle
s'acquiert à *l'intérieur* des AA,
pas dans leur périphérie.

352.
Nous ne sommes pas tous
embarqués au même port,
mais nous sommes tous dans le même bateau.

353.
Il est facile de ne pas boire.
Mais vivre sans boire, c'est difficile.

354.
Assistez à quatre-vingt-dix réunions
en quatre-vingt-dix jours.
Si vous n'êtes pas satisfait,
nous vous rembourserons votre souffrance.

355.
Deux découvertes ont contribué
à ma croissance spirituelle:
(1) Il y a un Dieu. (2) Ce n'est pas moi.

356.
Personne n'arrive trop tard chez les AA.

357.
La prière ne change pas Dieu;
elle me change.

358.
Je confie le plus volontiers à Dieu
les choses déjà réglées.

359.
J'ai échoué,
mais je ne suis pas un échec.
J'ai fait des erreurs,
mais je n'en suis pas une.

**360.**
Quand je buvais,
je voulais toujours un peu plus
que ce que j'avais déjà.

**361.**
Vous ne pouvez pas. Dieu peut.
Laissez-Le faire.

**362.**
Quand je suis arrivé chez les AA,
ma faculté de boire et ma faculté de penser
étaient toutes deux détraquées.

363.
Il faut garder le corps et l'esprit au même endroit.

364.
Pour s'entendre avec les gens,
il faut garder sa langue en laisse.

365.
Votre alcoolisme vous menait directement
à votre plus grande crainte.

366.
Arrêtez la panique et amorcez la prière.

**367.**
Accrochez-vous à la Prière de la Sérénité
jusqu'à ce que vous entrepreniez les Étapes.

**368.**
Soyez attentifs à ce que vous faites,
sinon vous risquez de vous éloigner
de ce qui donne des résultats.

**369.**
Les alcooliques ont
un fameux don d'interprétation
des intentions des autres.

370.
Lorsqu'on ne peut ni combattre ni fuir,
il faut alors suivre le courant.

371.
Ne vous en faites pas pour des insignifiances.
Souvenez-vous cependant
que tout est insignifiant.

372.
Ce n'est pas l'alcool
qui était la cause de mes problèmes;
c'était la vie.

### 373.
Ce qui vient du cœur touche le cœur.

### 374.
Il est beaucoup plus facile de demeurer abstinent
que de le ***devenir***.

### 375.
La consommation des autres ne m'a jamais dérangé...
jusqu'à ce que je cesse de boire.

### 376.
La souffrance recherche la souffrance.

### 377.
Il n'y a rien de plus dégueulasse
que de se retrouver à jeun
dans une salle pleine d'ivrognes.

### 378.
Il faut bien des années pour lire
ce qui est écrit en noir dans le Gros Livre –
c'est-à-dire ce qui n'est pas *entre* les lignes.

### 379.
Il est impossible de tomber d'un édifice
quand on se tient au milieu.

380.
J'essaie d'être le plus honnête possible.

381.
*AA:*
Abstinence Absolue

382.
Le rétablissement est un cercle vicieux:
il faut changer sa manière de penser
pour changer sa manière de boire.
Mais pour changer sa manière de penser,
il faut changer sa manière de boire.

383.
J'ai commencé à aller mieux
lorsque j'ai appris que j'avais le choix
entre avoir raison et aller mieux.

384.
Le monde n'est pas mon ennemi.

385.
L'alcoolique actif est la seule personne au monde
qui puisse regarder les autres de haut
alors qu'il est sous les ponts.

386.
Si vous dites aimer
tous ceux que vous avez rencontrés chez les AA,
vous n'avez certes pas assisté à assez de réunions.

387.
Votre esprit galope?
Essayez de lire le Gros Livre à haute voix.
Votre esprit ne peut faire qu'une chose à la fois.

388.
Les alcooliques ne développent pas des relations –
ils prennent des otages.

389.
Les réunions des AA sont les câbles survolteurs
que Dieu utilise pour transmettre l'amour
d'un alcoolique à un autre.

390.
Si vous passez autant de temps dans les réunions
que vous en passiez dans les bars,
vos chances de *rétablissement* sont bonnes.

391.
Si ça marche, ne changez rien.
Si ça ne marche pas, changez tout.

392.
L'alcoolique seul est en mauvaise compagnie.

393.
Vous ne serez pas congédié
pour avoir été abstinent au travail.

394.
Je dois me libérer de moi-même pour me trouver.

395.
Ne demandez pas à Dieu de vous guérir
pour ensuite Lui dire quoi faire.

**396.**
Je considère que la journée a été bonne
lorsque je n'ai fait de mal
ni aux autres ni à moi-même.

**397.**
Vous êtes mûr pour ce programme
quand vous avez tellement bu que vous ne pouvez
ni vous soûler ni vous «assobrir».

**398.**
N'entreprenez pas une relation émotive
avec la réalité.

**399.**
Quand on a tort, notre seule défense est l'attaque.

**400.**
Avant les AA, je m'agitais au lieu d'être.

**401.**
EGO
Envoyer le Guide aux Oubliettes.

**402.**
Il est plus facile de voir le progrès
chez les autres que chez soi.

403.
Les réunions et les Étapes transforment
mes déchets en engrais.

404.
Les alcooliques actifs sont
les seules personnes qui choisissent
la maladie qui les tuera.

405.
Vous seul pouvez y arriver,
mais vous n'y arriverez pas seul.

406.
Si vous voulez assumer
la responsabilité de l'abstinence des autres,
vous devez aussi assumer
la responsabilité de leurs rechutes.

407.
La haine est à l'opposé de la gratitude.

408.
Dieu n'a pas besoin qu'on Le remercie,
mais j'ai besoin d'être reconnaissant.

**409.**
AA est un programme théocentriste
pour des égocentriques.

**410.**
Il est difficile d'être plus malheureux
que celui qui a le ventre plein d'alcool
et la tête pleine de AA.

**411.**
L'alcoolisme n'est pas une maladie infectieuse,
mais il peut devenir contagieux.

412.
De toute ma vie,
Dieu ne m'a jamais causé de problèmes,
mais, toute ma vie,
j'ai été un problème pour Dieu.

413.
Il est plus important de faire ce qui doit être fait
que de faire tout ce qu'on peut.

414.
Le début de sa vie n'est pas aussi important
que la fin de sa vie.

**415.**
Après ma mort,
je veux voyager dans le corbillard,
sobre-mort.

**416.**
Vivre et laisser vivre.

**417.**
Quand vous arrivez chez les AA
et que vous désirez ce que nous avons,
vous devez être prêt
à faire ce que nous faisons.

418.
Je sais que je ne suis pas encore
la personne que je pourrais être,
mais, Dieu merci,
je ne suis plus celle que j'étais.

419.
L'alcool me rendait bien des services autrefois ;
puis, un jour,
il a commencé à se servir de moi.

420.
Il est impossible de le faire pour les autres.

421.
Un alcoolique qui boit ne peut que dépérir.

422.
Je n'ai jamais entendu quiconque
raconter qu'il avait eu du plaisir
au cours de sa rechute.

423.
J'avais deux raisons de boire:
être ce que je n'étais pas,
et ne pas être ce que j'étais.

### 424.
Hier est un chèque encaissé.
Demain est un billet à ordre.
Aujourd'hui est de l'argent en caisse.


### 425.
Les AA ne vous éviteront pas l'enfer,
ni ne vous garantiront le paradis.
Ils vous aideront tout simplement
à rester abstinent
pour vous permettre de décider
où vous voulez aller.

### 426.
Si nos ennemis sont nos meilleurs juges,
alors, en tant qu'alcooliques,
nous sommes les meilleurs des meilleurs.

### 427.
Avant d'arriver chez les AA,
je voyais la vie
au travers de lunettes teintées au fumier.

### 428.
L'alcoolisme est la maladie des états d'âme.

### 429.
Si vous croyez être heureux, alors vous l'êtes.
Si vous croyez être sage, vous ne l'êtes pas.

### 430.
Je buvais pour m'ébattre.
Je ne réussissais qu'à m'abattre.

### 431.
*Un alcoolique:*
quelqu'un que personne n'aime,
et qui ne veut rien changer.

432.
Ce n'est pas ce qu'on boit,
ni à quel moment, ni à quel endroit,
ni avec qui, ni à quelle fréquence
qui importe,
c'est *ce* que le *premier verre* nous fait.


433.
Les seuls alcooliques
qui n'ont jamais été coupables
de conduite en état d'ivresse
sont ceux qui n'ont jamais conduit.

### 434.
Lorsque je n'attends rien des autres,
toute action positive de leur part
devient une agréable surprise.

### 435.
Lorsque je buvais, j'essayais de me sentir bien
en achetant des choses dont je n'avais pas besoin,
avec de l'argent que je n'avais pas,
pour impressionner des gens que je n'aimais pas.

### 436.
En attendant le remède, les AA suffiront.

437.
Je ne dois pas comparer
votre apparence extérieure avec mon intérieur.

438.
Tout ce qui m'arrive
peut être une bénédiction ou une leçon.
Tout dépend de mon attitude.

439.
Après un nombre suffisant de verres,
ce n'était pas mes problèmes qui disparaissaient,
c'était moi.

440.
Depuis mon entrée chez les AA,
j'ai été vacciné
contre la maladie du refus de vivre.

441.
Personne ne m'a jamais causé autant de tort
que moi-même.

442.
L'alcool est un détachant extraordinaire.
Il fait disparaître les mariages, les fortunes,
les carrières et la santé.

443.
Les AA sont une association
d'hommes et de femmes qui savent
que d'autres n'agissent pas correctement.

444.
Les AA sont une association
d'hommes et de femmes qui disent «non».

445.
Le seul moment où un alcoolique dit
ne pas être sûr,
c'est lorsqu'il est convaincu d'avoir raison.

446.
En entrant chez les AA, il faut apprendre à être
à la fois le médecin et le patient.

447.
Les difficultés surgiront,
que vous soyez abstinent ou non.

448.
Lorsqu'il me fallait un verre,
je pouvais aller n'importe où.
Je devrais donc être prêt
à assister aux réunions pour me rétablir.

**449.**
Si Dieu met du temps à répondre à nos prières,
ce n'est pas parce qu'Il les refuse.

**450.**
La foi est le fondement
de la libération de la peur.

**451.**
Lorsque je buvais,
il n'y avait pas de demi-mesures:
j'étais ou absolument parfait
ou un parfait vaurien.

**452.**
Il n'y a pas de changement sans douleur.

**453.**
L'acceptation concerne ce qui est
et non ce qui n'est pas.

**454.**
Aujourd'hui, Dieu est mon ami
au lieu d'être mon ennemi.

**455.**
La fatigue ne produit pas du bon travail.

### 456.
Prendre le premier verre,
c'est un peu comme être frappé par un train –
ce n'est pas le wagon de queue
qui cause les dommages.

### 457.
Tu n'as peut-être pas besoin d'une réunion,
mais j'ai besoin de toi pour une réunion.

### 458.
Peu importe comment je vivais dans le passé;
je peux vivre correctement aujourd'hui.

### 459.
Lorsque je pointe un doigt vers toi,
il y en a trois qui pointent vers moi.

### 460.
Ne vous en faites pas
si des membres semblent parler dans votre dos.
Ils sont tellement égocentriques
qu'ils recommenceront bientôt à parler d'eux.

### 461.
Dieu ne nous punit pas pour notre alcoolisme,
c'est nous qui nous punissons par notre alcoolisme.

## 462.
## RECHUTE:
## REprise en CHarge inUTilE.


## 463.
Pensez ce que vous dites, dites ce que vous pensez.


## 464.
Je n'ai pas bu aujourd'hui. Tout est donc possible.


## 465.
Le membre des AA qui compte le plus d'abstinence
est celui qui s'est levé le plus tôt ce matin.

466.
Les alcooliques sautent à la perche
au-dessus de crottes de souris.

467.
Il est possible de guérir de l'«esseulement».

468.
Le taux d'intérêt sur les emprunts d'ennuis
est toujours très élevé.

469.
Ne lâchez pas!

### 470.
L'alcool me faisait faire des irruptions
un peu partout: Londres, Paris, Miami.

### 471.
Je suis venu chez les AA pour sauver ma peau.
J'ai découvert que mon âme y était attachée.

### 472.
J'ai mis les Étapes en pratique
non pas avec le feu sacré,
mais parce que les choses commençaient
à sentir le roussi.

473.
Si vous libérez les autres
pour qu'ils deviennent ce qu'ils sont vraiment,
vous vous libérerez vous-même.

474.
Si la vie a été difficile jusqu'ici,
cela ne veut pas dire qu'elle doive continuer à l'être.

475.
L'égocentrisme nous empêche de voir
que le bonheur et le malheur
nous sont donnés à part égale.

476.
Allez-y pour le gros lot et ne craignez rien.
Vous n'obtiendrez que ce qui vous revient.

477.
Si vous priez,
pourquoi vous inquiéter?
Si vous êtes inquiet *après* avoir prié,
pourquoi prier?

478.
Dans la grande prairie des AA,
on trouve à la fois or et fumier.

479.
La vie est comme une roue:
parfois je me retrouve au soleil,
parfois dans la boue.

480.
Quand vous éprouvez de la difficulté
à confier votre vie à Dieu,
souvenez-vous que votre raisonnement le plus solide
vous a conduit à la cuite.

481.
Visez à comprendre plutôt qu'à être compris.

482.
Si vous vous êtes rendus jusqu'ici
en état d'ébriété,
Dieu ne vous laissera pas tomber
maintenant que vous êtes abstinent.

483.
Appelez votre parrain
avant de prendre le premier verre,
pas après.

484.
Nous nous moquons de ce que nous allons devenir.

485.
Pour de bons résultats,
il faut acheter tous les morceaux
(du programme).

486.
Il faut se souvenir que peu importe
la situation dans laquelle nous nous retrouvons,
nous nous sommes placés dedans.

487.
J'essaie d'écraser chez les autres
le mal que je perçois à peine chez moi.

488.
Ne buvez pas,
même si vous avez le feu au derrière.

489.
Faites comme si.

490.
Le changement est graduel, non subit.

491.
Vous ne serez pas attaqué dans une ruelle sombre
si vous n'allez pas dans les ruelles sombres.

492.
Tout vient à point à qui sait attendre.

493.
Être là où on doit être.

494.
Si vous comprenez bien quelqu'un,
vous n'aurez rien à lui pardonner.

495.
Je ne suis pas impatient – je veux simplement
que la situation change tout de suite.

### 496.
Lorsqu'on fait ce qu'il faut,
on obtient le bonheur en prime.

### 497.
Quelle surprise de constater
que le programme est efficace
dès que je le laisse agir.

### 498.
Il est possible que le but unique de mon abstinence
soit de cesser de faire mal,
à moi-même et aux autres.

499.
On ne m'a jamais forcé à boire.

500.
*Ego:*
la somme de toutes les illusions
que j'entretiens à mon égard.

501.
Validez vos raisons.

502.
Le courage est la peur qui a dit ses prières.

503.
Ma prière favorite ne compte que deux mots:
*À l'aide!*

504.
Mon cerveau n'est pas un endroit recommandable.

505.
Ni critique, ni condamnation, ni plainte.

506.
Ne critiquez pas les autres.
Ils ne font que ce que nous ferions à leur place.

### 507.
Pourquoi ne seriez-vous pas
heureux de votre sort?
Après tout, c'est ce que vous avez cherché.

### 508.
Je ne suis pas où je voudrais être.
Par contre, Dieu merci,
je ne suis plus où j'étais.

### 509.
C'est en faisant à ma tête
que je me suis retrouvé ici.

### 510.
Pour demeurer abstinent,
je dois accepter de faire partie de ma propre vie.

### 511.
Il n'y a pas de victimes,
seulement des volontaires.

### 512.
Parfois, la volonté de Dieu à mon égard
ne m'apparaît pas aussi clairement
que si elle était affichée sur un panneau.

### 513.
Je ne voulais pas arrêter de boire,
seulement arrêter de souffrir.

### 514.
Lorsque je buvais,
la responsabilité personnelle ne faisait pas partie
de mes forces.

### 515.
Lors de mon arrivée, ils m'ont dit:
«Ça va aller mieux».
J'ai découvert que «ça» voulait dire moi.

516.
Pour prier, il suffit de parler à Dieu;
pour méditer, il suffit d'écouter.

517.
Lors de mon arrivée au programme,
les membres m'ont dit:
«Laisse-nous t'aimer
jusqu'à ce que tu sois capable
de t'aimer toi-même.»

518.
Dieu n'est pas un esclave à notre service.

### 519.
Plus les choses s'additionnaient,
moins le compte y était.
Je suis donc venu chez les AA.

### 520.
Personne ne s'est retrouvé en prison
pour avoir pris trop de café.

### 521.
On arrive à bon port
après avoir navigué sur l'océan de nos larmes.

### 522.
Les réunions sont vraiment ennuyantes
lorsque je n'y suis pas.

### 523.
Je ne savais pas que je voulais arrêter de boire
tant que je n'ai pas essayé d'arrêter de boire.

### 524.
Je buvais pour deux raisons:
me sentir bien quand ça allait mal,
me sentir mieux quand ça allait bien.

525.
N'importe qui peut arrêter de boire –
il suffit de frapper un policier.


526.
Je ne suis pas venu chez les AA
parce que je craignais que ça marche.

Au lecteur,

Si vous désirez partager vos aphorismes préférés, faites-les parvenir à l'adresse ci-après. Vous pourriez les retrouver dans une prochaine édition.

Dr Ron B.
P.O. Box 160363
Austin, TX 78716

Fax (512) 328-3562

# La confusion est un état de grâce

## Humour et sagesse
## à l'intention des familles en cours de rétablissement

*Compilé et rédigé par Barbara F.*

### PLUS DE 400 APHORISMES ET SLOGANS

Ce livre contient à la fois des citations populaires et d'autres moins connues qui pourront encourager et soutenir les familles en cours de rétablissement.

L'auteure a participé à des centaines de réunions des Al-Anon et à des centaines de discussions avec des hommes et des femmes qui ont accepté de partager leur bonheur, leur vérité et leurs victoires. Progressivement, elle a recueilli et écrit plus de 400 slogans de base et aphorismes qu'elle accepte de partager avec vous.

*« En cas de confusion, s'en tenir à l'essentiel. »*

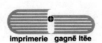

imprimerie gagné ltée